湛庐 CHEERS

与最聪明的人共同进化

HERE COMES EVERYBODY

CHEERS
湛庐

阅读、倾听、记忆、调查，全掌握

頭が良くなるインプット
小学生就要懂的自主学习法①

[日]斋藤孝 著
崔颖 译

浙江科学技术出版社·杭州

测一测

让小学生自主学习的妙法，你了解多少？

扫码加入书架
领取阅读激励

- 以下哪种行为更能促进小学生的大脑发育？

  A. 用笔写字

  B. 用电脑打字

- 把自己的生活拍成视频放到网上，这种方式适合小学生用来培养社交能力吗？

  A. 是

  B. 否

扫码获取全部测试题
及答案，
做一个擅长学习的人。

- 以下哪种做法能更有效地帮助小学生提升阅读水平？（单选题）

  A. 从小学低年级开始阅读名家名作

  B. 阅读一本书前先参考别人的读后感

  C. 朗读自己喜欢的书，并记住内容讲给家人听

  D. 阅读之初直接看没有拼音的版本

扫描左侧二维码查看本书更多测试题

前 言

输入让脑瓜越来越聪明

聪明的人真酷，考试总是拿高分，让人觉得好厉害。不过，最近教育者们开始反思“头脑聪明是否只能用高分来体现”，并决定转变思想，今后要多重视另一种形式的“头脑聪明”——自主思考的能力。

自主思考力是对于不了解的东西不断进行调查并深入学习的能力，也是将学到的知识用来解决困难的能力。

今后的教育目标是要培养能够自主行动的人，能够准确表达自己想法的人，能够进行创新的人。这样的人将被称为“头脑聪明”的人。

输入就是吸收知识和信息的意思。输入好比是为之后的思考和创新提供燃料。大家在学校中学到的知识是基础燃料，请更积极地增添头脑中的其他燃料。这本书要为大家介绍几个妙招，让大家也能成为输入高手。

婴儿的大脑在成长过程中会不断进行输入。读书、做游戏，就是大脑在输入“识别文字与掌握游戏规则”的能力。输入是无限的。比如我自己，虽生于 20 世纪 60 年代，但不知道的东西还有很多很多。我常常会在做某个调查的过程中，发现其他相关的事情，由此不断扩展自己的知识面，并因而发出人生多么快乐的感慨。的确，这世间满是未知的精彩，有生之年，我都想去感知和了解它们，了解的过程还能让我在不知不觉中忘记自己的痛苦与烦恼。

请你也不断输入自己喜欢和觉得不可思议的东西吧！这一定会让你的每一天都变得更新奇、更快乐！

目录

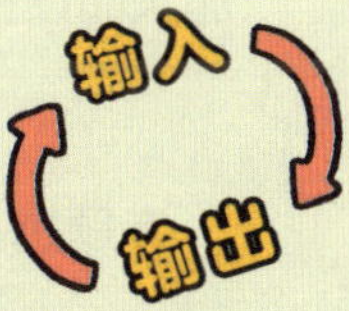

目录

若都已准备好就打“✓”
盒饭袋
复印件
还书

中国+人口
中国+人?
中国?

目录

序章

关于输入的问答

什么是输入？它有什么意义呢？

“输入”的英文是input，in意为“之中”，put意为“放置”，也就是把知识和信息收入自己脑中的意思

你听说过“输入”这个词吗？若突然有人说一句“进行输入”，你恐怕会感到莫名其妙吧？

输入原本是计算机用语，意为将信息和数据导入电脑中。现在，这个词已经不局限于计算机领域，也可指往人的头脑中灌输知识。

我们在汲取知识时最重要的是阅读和倾听。读书、读报纸，听老师的课、听某某名人的话，知识就是这样不断增加的。读和听之外，记忆与调查也可以算作一种输入。

将自己没有的东西，从外部吸取进来，这就是输入。如此一来，我们就能知道新的东西，或搞清楚原先不懂的东西。输入真是一件极其愉快的事情啊！

输入会带来什么样的好处呢？

输入越多，越有内涵；头脑越聪明，世界也就越广阔

你有生以来会唱的第一首歌是什么？现在的你，一定会唱更多的歌，说不定已经成为连大人都甘拜下风的小歌手了呢。而你之所以现在能唱各种歌，是因为之前输入了众多歌曲。比起只知道那一两首启蒙歌曲的你，现在的你早已徜徉在了广阔的音乐世界里。

输入就这样为我们带来了更丰富的世界。原本只知道家中琐事的人，学会了输入，也可以成为能讲述自己的故乡、自己的祖国，乃至世界各国大事的人，甚至还能用母语之外的语言侃侃而谈。这都是因为内涵深厚了，你也会因此被人们尊称为“有学识的人”。也就是说，输入越多，就越会成为内涵深厚的出色之人！

归根到底，输入就是学习吗？

学习是一种极好的输入练习，让我们从简单的输入开始吧

每当我想起自己的小学时代，都会感觉“和现在没有什么不同”。人的特质往往在长大成人之后也不会发生什么改变。现在说“讨厌学习”的孩子，将来也很有可能变成一个同样“讨厌学习”的大人。

在学校里，大家都是通过读书、听课的方式进行学习的。读和听是输入的基本形式。如果我们不去锻炼这两点，就会知识欠缺，无法提升自己的语言能力，长大后在工作中也容易出错，难以表达自己的意见，成为人们眼中“不靠谱”和“信不过”的人。

学习有多种方式。如果不擅长“啃”艰涩的书，那么看看漫画版百科全书、历史猜谜之类的书如何？就从让你觉得简单、有趣的地方开始吧。不要不情愿，**享受输入的过程，才会掌握知识。**

想要成为输入小能手，有什么窍门吗？

窍门是在短时间内集中、反复练习拿手的东西

不善于学习和读书的人，若是突然尝试输入高难度的东西，那一定会心生厌倦。所以先从基础的输入练习开始吧。就拿学习来说，先把目光放到喜欢的科目上。

虽然我们常说“要攻克不擅长的科目”，但输入练习其实应该从自己喜欢的、擅长的地方入手。例如，你喜欢鲁迅先生，那除了输入教科书上的相关内容外，还可以再去图书馆借阅相关图书，观看与鲁迅先生有关的电视剧，或是在地图上查找他曾经去过的地方。就像这样，无论是语文还是数学，音乐还是体育，只要是你有兴趣、喜欢的东西，都可以集中输入与之相关的知识，方法不限于阅读书籍、请教别人、去相关场所亲身体验等。

输入的诀窍不是磨磨蹭蹭、拖拖拉拉，而是在短期内集中精力一气呵成，把同一样事物反复向头脑灌输。在这种练习的过程中，你也会自然而然地掌握输入的方法。

输入时该注意些什么呢?

要重视最初输入的信息，一定不能搞错哟

举个例子，你知道“静谧”一词该怎么读吗？应该读作 jìng mì ，意为“安静”。有人会将其错读为 jìng bì ，那一定是因为最初记忆时搞错了读音。一旦记成了 jìng bì ，之后就难以改正了。不仅是汉字，历史事件、科学实验的结果、人名、饭菜的做法等也是如此，重要的是最初输入的信息一定要准确。

此外，吸收知识时，信息来源也很重要。来自书籍的信息一般比较可靠，而网络上的信息则往往会掺杂不实消息，一定要注意分辨。你无法判断知识和信息准确性的时候，可以听取老师和父母的意见，绝不让错误的信息形成头脑中的第一印象。

输入高手都是什么样的人呢？

Q6

输入高手是博闻强识的人，是能把自己的所知有效传达给别人的人

进行输入时，你会发现知识之间是相互联结的。假设有这样一位潇洒的插画家，我们在看他的作品时，感到其与某位画家的画作神似。那么那位画家是谁呢？哦，原来是法国人。法国又在哪儿？快用地图查查看！如此这般，兴趣的“枝干”越伸越长，我们想知道的东西也越来越多。这是多么有意思的事情啊！希望你也能成为输入高手，体会到这种乐趣。

当然，输入的最终目的并不是储存知识，而是要用积累的知识表达自己、帮助他人、解决问题——重要的是将输入的知识再很好地传达出去，也就是输出。当你意识到输出是输入的目标时，输入的效率就会进一步提高，吸收知识后再进行输出，输入与输出便紧密相连了。

注重平日的知识积累，效果惊人

我虽然身为大学老师，但也经常以教育和交流专家的身份出席电视节目。日本 NHK 频道有一档节目叫作《游戏学日语》，这是一档面向儿童介绍日语的趣味性和日本文化的电视节目。我担任该节目的综合顾问一职。

在录节目的过程中，我时常会遇到让人衷心感叹“真聪明”的嘉宾和演员。例如，我曾教一位非常年轻的女演员学习《百人一首》歌集。交谈间，我得知她读过数量惊人的书，还懂得很多歌中包含的情感和古日本的风貌，所以我们之间可以进行深入的交谈。对于我的提问，她也有着见解独到的回答。我认为正是因为博览群书，有了广泛的知识积累，她才能够与我进行这样的对话。

据说这位女演员不仅爱读书，还很认真地学习专业课程，所以她的演技也十分出众。也许正是来自平日里知识和信息的大量输入，她才能够透彻领悟所饰演角色的内心吧！

第 1 章

阅读

阅读带拼音的书，记住汉字的正确读音吧

错误的知识
一旦被输入，
往往就难以改正了

阅读是输入的重要手段之一。世界上有很多能够通过阅读获取的信息，**对于小学生来说，首选就是读书。**

说起读书，你是否有过为了表现自己的酷劲儿，放下儿童书，去读成人书的情况呢？这种挑战的勇气固然难能可贵，但有时你可能也会因为过于逞强而意外落入“陷阱”，不小心记错了汉字的读音。例如把伤痕累累（shāng hén lěi lěi）读成 shāng hén lèi lèi，把俯瞰（fǔ kàn）记作 fǔ gǎn。如果你一直带着这样的错误认知，就会有在众人面前出丑的一天。

请大家在阅读之初多看带有拼音的图书，先记住正确的读音吧。你可以选择阅读专门面向小学生的报纸，或在疑难字词上添加拼音的读物，这样更有助于输入。

输入基础训练

大声朗读，让大脑中“可以变聪明”的部分努力工作起来

通过大声朗读锻炼大脑，就如同每天跑步锻炼身体一样

老师布置的作业中也会有朗读题吧，是不是有人会嫌麻烦而敷衍了事呢？这样做可就太浪费了，因为朗读可以让大脑变得更聪明。

聪明的人，都是能让位于额头附近、叫作前额叶的脑组织进行充分运作的人。前额叶与思考能力、判断能力、情绪控制能力等相关，也是人与其他动物有着巨大区别的地方。通过实验人们知道，脑中掌管智力的这部分区域在朗读的刺激下，可以更好地工作。

如同每天跑步能锻炼身体一样，每天朗读也可以锻炼大脑，让自己慢慢不再讨厌读书。如果你对老师布置的朗读作业不感兴趣，那不妨试试反复朗读自己喜欢的书。此外，前额叶对情绪的控制能力提高后，你会变得更加成熟稳重。

输入基础训练

一边做标记一边读书，用3种颜色标记和区分，可以让阅读更深入

关注做标记的部分，就可以写出读书感想

你在读书时，手里会不会拿东西？咦？你拿着点心？当然这也可以。不过，我呢，总是拿着三色圆珠笔来读书，一边读，一边把我认为非常重要的部分用红线标记，一般重要的用蓝线画出，觉得有趣的地方则添上绿线。这样一来，等我阅读完毕再次翻阅时，就会一目了然何处是重点，哪儿又是有趣之处，感受这本书已经完全属于我的那种喜悦。满是红线的文章跃然纸上，让人印象深刻，扎实读完一本书的成就感也让人回味不已。

最重要的是，一边画线一边阅读可以为你之后的读书汇报和写读后感打下基础。当你被要求说说、写写感想时，只需注意画线部分就可以轻松解决。遇到从图书馆借阅的书不能涂画时，可以用在书上贴便利贴的方法做标记。

输入基础训练

把书中喜欢的内容讲给别人听，可以记得更牢

遇到喜欢的书，就整本记住它，让书在你的头脑里扎根

只有带着对知识的期待去进行输入，才能取得最好的效果。阅读时若是意兴阑珊，效果就会大打折扣。不要总听别人的读后感，要亲自阅读真正感兴趣的书。“这本太幼稚不需要读”“那本不是名家名作没必要读”，这类想法万万要不得。就算是与学校学习完全无关的书也没关系，就让我们从有趣的、让人快乐的书开始，慢慢扩大输入的范围吧。

请尝试一下这样的练习：把喜欢的书读个 20 遍、30 遍，朗读并且记住它，再把记住的内容讲给家人听。这样一来，这本书就会在你的头脑中扎根，再也忘不掉了，优美的文章和感人的词句，通通被我们放进了头脑的储藏室中，想用的时候即可自由地取用。

先定个小目标，读10本人物传记，把那些多姿多彩的人生输入头脑中

通过传记体验名人的精彩人生吧，你也会因此迅速成长

学校的图书馆里会有很多名人传记，如果你还不知道该读什么好，那我建议你从阅读名人传记开始入手。

传记里会记载在名人的一生中发生了什么，思考了什么，如何战胜困难等事迹。阅读传记，就好比我们通过书本体验一次那样的人生。那些青史留名的人，在他们的人生中，一定有什么如支柱一般给予他们坚实精神支撑的东西。若是通过阅读传记记住这些，那你也必定能够快速成长。

阅读传记的过程中，你的兴趣将会不断扩展。名人生活的时代里有些什么？他们曾经的发现如今又有了什么新进展？想知道的东西越来越多，输入也就越来越多，你也会慢慢变成输入高手。就让我们以 10 本书为目标，先从各类名人传记开始读起来吧。

输入基础训练

加大阅读量，挑战阅读系列作品

输入，离不开阅读量，大量阅读是关键

集中时间大量阅读是输入的关键。一天读一本书，一年读 365 本书，这样的阅读量才是理想状态。没有进行过大量阅读的人，可以先尝试阅读系列作品。比如成套的绘本、儿童侦探故事系列、有着高知名度的主人公故事集等，对于这种系列图书，若有喜欢的，就算借遍图书馆，你也要把它们全部读下来。当你都读完后，一定能体会到成就感和无尽的乐趣，成为系列作品阅读冠军！

普通人无法一下子跑完马拉松全程，但如果今天跑 100 米，明天跑 200 米，每天循序渐进锻炼的话，慢慢就可以越跑越远。读书也与此类似。此外，在读书过程中输入的种种信息，可以为我们在困难时提供输出资源。读完 100 本书后的你，头脑中就已蕴藏了丰富的知识储备啦。

更上一层楼

专题挑战

利用暑假中的一个月，每天读一本书

为了写作，我已累计阅读了1万本书

迄今为止，包括面向成人的书，我已经写了 700 本左右。每写一本，我都需要大量的输入储备。我平均一天读 1 本书，一年读完 365 本，如此坚持了 40 年，已经读了 1 万多本书。要想写好一本书，事先只读一本书去进行知识储备是远远不够的，必须搜集大量素材，并思考如何将其进行整合。而读更多的书，就会获得更为丰富的写作材料。大家可以试试这样的练习：利用暑假中的一个月时间，以一天一本书为目标开始阅读。

先从轻薄的书开始挑战吧

有人会说："我可做不到！"千万不要一开始就打算放弃。练习大量阅读，可以选择从轻薄的书入手，向着一天一本的目标扎实前进。

每天读一本书，就类似对肌肉的锻炼。例如锻炼腹肌，最初以 5 次为单位，习惯后，慢慢增加为 10 次、20 次。读书也是如此，越读越会读，最终一天之内也能读完厚厚一本书。当暑假结束时，你的头脑中就一定会有来自三四十本书的知识储备了。

输入高手专栏

用日记记录下
阅读一本书的读后感

希望大家在阅读后，能做到这样一点，就是写读书日记。虽说是日记，但轻松记录即可：所读书本的名字，特别有趣的地方，以及自己的感想。这其中感想最要紧的并不只是记录下“好有趣啊”这样的感叹，而是要写下真实的想法，例如“这个人竟是个冒失鬼，真奇怪”，“主人公聪明得让人吃惊”或“虽然是个反派角色，但是身上也有优点呢”之类。哪怕是只言片语的评说，也会帮你加深对书本内容的记忆，巩固输入的知识。

最重要的是，这些都将成为你输出的储备。输出就是将自己的思想传达出去。一边思考内容的有趣之处，一边进行阅读，你就会忍不住想要把这妙趣告诉朋友、讲给家人听。输出因此成为乐趣，随即带来更大的输入愿望；而随着输入的增多，输出也就更积极。输入与输出相联结，你的世界便不断扩大。当你掌握了这些方法后，相信无论是读后感还是作文，文思都会顺畅地从你的笔尖喷涌而出了。

第2章

倾听

输入基础训练

选择上课内容中的3个关键词，重要的是思考老师话语中的关键点

从课堂笔记中选择3个关键词，并画红线做标记

如果有人说“下课后，请你像老师那样把上课内容原样讲给其他人听”，那你会怎样听讲呢？重要的是要留心老师提到“这里是要点！”的部分。我们把构成要点的词称为关键词。接下来就找找课堂上的关键词吧，从你的笔记中挑出 3 个，画上红线做个记号。

假设我们在社会课上学习与农村生活相关的知识，如：“农民在秋天种了白菜，成熟后的白菜被送往菜市场。蔬菜店去菜市场挑选了白菜，再摆到店里向顾客出售。”上述内容的关键词是什么呢？如果你挑的是“农民、冬天、白菜”3 个词，那恐怕难以兼顾全部内容；但如果是“白菜、菜市场、蔬菜店”的话，通过串联关键词就可以讲述完整的内容了。**一边有意识地思考老师讲课的重点一边听讲，是一种很好的输入训练方式。**

输入基础训练

为了能够准确无误地传达听到的信息，请做好笔记

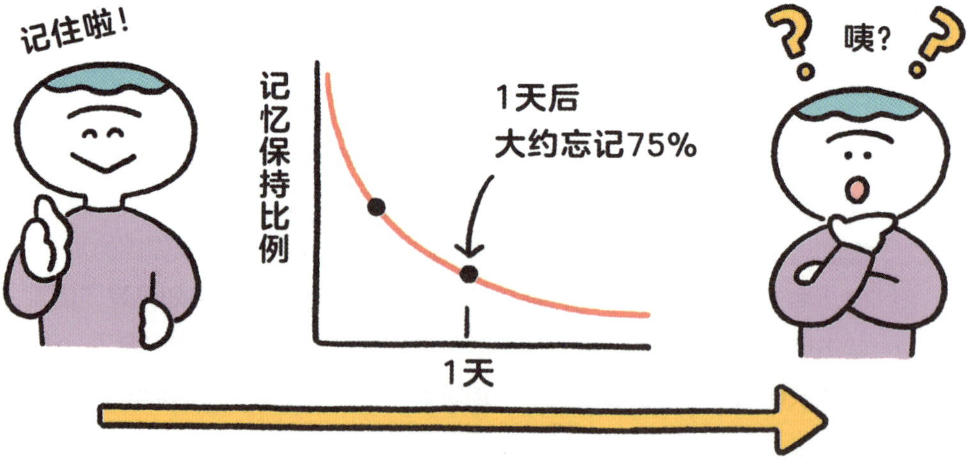

* 参照赫尔曼·艾宾浩斯首创的遗忘曲线制作

据说对于听到的东西，经过 1 天，人们就会忘记 75%

当你认真听了老师的课，关键词也选了出来，接下来就是把课堂内容讲给家人听了。可一旦试讲你就会发现这件事难度很大。自我感觉已经记住了的内容，回家后却忘了大半，只能冥思苦想：“老师讲的是什么来着？”致力于记忆研究的德国学者赫尔曼·艾宾浩斯博士发现，人们听到的东西经过 20 分钟后，就开始被遗忘了。

为了不漏掉重要信息，我们要一边留心关键词一边聆听，但如果之后还要复述所听内容的话，那仅仅这样是不够的。要对听到的东西做记录，之后边看边进行回忆。课堂上做笔记也正是这个原因。不仅是在课堂上，当你在电话中被对方告知“（请把这件事）转告给妈妈”时，当你被足球教练要求“遵守这种规则”时，都要做笔记。请记住做笔记非常重要，哪怕记录时字迹并不漂亮也没关系，甚至不用文字只做记号都是可以的。

输入基础训练

全家人玩个传话游戏吧，把大家的每日计划接力传给妈妈听，这个练习可以提高传达信息的正确率

传话游戏有助于训练认真聆听

有一种游戏对训练聆听效果特别有效，这就是传话游戏。能够出色完成传话游戏的人，长大工作后，也一定能够成为人们口中“值得信赖的人”，因为能够把听到的内容如实传达出去是职场的基本要求。如果客人向店里下单的是橙汁，但最后收到的却是苹果汁，那他该有多失望啊！同样的道理，如果一个人，交代给他 5 件事情，他却忘记了 2 件，谁会愿意和他一起共事呢？

虽说玩传话游戏人越多越有趣，但是在人不太多的时候也一样玩得起来。例如你可以给自己布置一个小任务，任务的名字叫作“传达爸爸第二天的行程”。当爸爸下班回家后，问问他第二天离家和回家的时间，是否有异于以往的安排等，然后转告给妈妈。若是你传达有误，妈妈就可以开个玩笑当作对你的小小惩罚，比如：“今天妈妈不在家，没饭吃啦！”

更上一层楼

专题挑战

聆听美食节目的说明，把美食做给家人吃

传话游戏升级

作为小学生，你大概会有制作煎蛋或是水果拼盘等做饭的经历。如果只是用煎锅煎鸡蛋，倒也简单；大家一起做水果拼盘时，因为你随时会被提醒“苹果要这样切”“火龙果要这样剥皮”，所以成品不出意外也会美味又好看。在本期的专题挑战里，大家尝试一下制作更复杂的美食吧！不过我并不是让你真的去炒菜，而是请你好好聆听美食的制作方法，然后讲给其他人听，请他们制作。例如请爸爸妈妈来做，你在旁协助。这就是升级版的传话游戏。

边听说明边好好做笔记

网络上有很多与美食相关的视频，但是不建议你以此为素材。因为视频可以中途暂停，对听不清的地方你也可以进行重复播放。相比之下，我更推荐电视台里的美食节目，尤其是节目中制作过程看上去很复杂的菜肴，效果更好。请你边看边听，重要的地方好好做笔记，认真思考制作这道美食的要点在哪儿，如使用何种食材，是否一开始就把油烧热，食材的入锅顺序等都是要重点关注的。开动脑筋聆听制作说明，做好笔记再进行传达。怎么样，美味佳肴做好了吗？

有助于记录信息的物品，请常备身边

当我在进行倾听或阅读这类输入行为时，手里总会备有三色圆珠笔和笔记本。在之前的内容里我已经介绍过了读书时用 3 种颜色画线进行区分标记的方法。

如果是从图书馆借阅的图书，不可随意涂画，那么可以使用便利贴。便利贴十分方便，能够自由粘贴、揭下，阅读完毕后，还可以取下便利贴整理成笔记。文具店售有各种形状、色彩不同的便利贴，你可以选择自己喜欢的购买，使用它们就可以让输入变得更轻松。

笔记本也是有助于倾听的物品。若是只用耳朵听，总会有忘记的时候，所以一定要做记录。这时三色圆珠笔就会派上用场。重要的地方、绝对不能忘记的地方，用红色圈出来，在回看的时候就不会漏掉。

三色圆珠笔、便利贴、笔记本，请你把这 3 样东西常备身边，进行准确而愉快的输入吧！

第 3 章

记忆

输入基础训练

玩扑克的摸对儿游戏，练习集中记忆，成为难逢敌手的记忆之王

通过玩摸对儿游戏，钻研各种记忆法

输入过程中很重要的一项是记忆。如果无法记住信息，那输入也就无从谈起。扑克的摸对儿游戏是特别适合进行记忆训练的一种方式。把 54 张扑克牌摊开，让其背面朝上。大家轮流每次翻开 2 张，如果遇到相同的数字则两张都归自己，不同则将其复原。在多次翻看的过程中，你就会记住剩余扑克的位置，只看背面也知道“这张牌应该是 10”“这附近有 5”。

我小时候特别擅长玩这个游戏，总是集中注意力去记忆位置，像“桌角那儿放着的是红桃 8”“黑桃 6 在我这边，对面小伙伴那里是方块 4”等，用尽各种办法找窍门。与我一起玩的大人敷衍了事，所以最终获胜的都是我。因为怕输，后来我慢慢不再玩这个游戏了，但却因此保持住了在摸对儿这类游戏中未曾一败的战绩！

输入基础训练

掌握能够进行大量记忆的“故事化记忆法”

想想看，能否将要记的东西编成故事呢

你听说过浦岛太郎的故事吗？救了海龟的浦岛太郎被邀请前往龙宫游玩，待了多日后回到故乡，却发现时间已过数十年。困惑之际他打开来自龙宫的礼物玉匣，一阵青烟冒出，浦岛太郎变成了一位老爷爷。这个故事也出过绘本，不过恐怕没有人会去读上几十遍；甚至有人连读都没读，只是听人讲起过，但也在不知不觉中记住了。这都是由于故事易于记忆的缘故。学会故事化记忆法，可以让记忆力变得更超群。

例如，你可以尝试把某某地方的主要农作物情况编成故事：“在农民千叶伯伯的萝卜田旁，埼玉伯伯种上了大葱。两家竞争看谁的产量会更高……”这样的故事化记忆比起机械背诵更加有效。再如计算步骤也可以用这个方法进行记忆：“小花先把两数相加，到这一步后一下子跳了上去！”就像这样，试试把你想记住的东西编成故事来记忆吧。

输入基础训练

请在头脑中绘图，比起纯文字，图像更容易记忆

将图画和场景刻印在眼中进行记忆

当你想要记住某事时，也可以尝试在头脑中呈现相关的图画或照片。这样比只阅读文字更加容易记忆，可称之为“形象记忆法”。所谓形象，就是浮现在心中的情景、留下的印象等。

例如，无论书中如何描述“武士时代的日本”，仅凭文字都让人难以记忆。不过若是添加上源赖朝（开创了日本武士时代的人）的肖像画，就好记得多了。“哦，就是这个人开创了武士时代啊！”于是，你心中便有了具象化的记忆。我们对待日本战国时代的武将也是如此，织田信长、丰臣秀吉、德川家康，名字好长，列在一起记忆让人头疼。但若是你看到了他们的长相，记起来就会轻松许多吧。再如学习理科知识，当你做了实验后，过程就会刻印在你的脑海中。你同样也可以在记忆汉字的笔画顺序时，将其想象成一笔又一笔递增的四格漫画。诸如这般，形象记忆法适用于各种地方。

输入基础训练

巧用确认框，挑战不忘事

在所有确认框内都留下标记，就意味着不再有遗漏之处

这个世界上没有不曾忘过事的人吧？例如，忘记确认记事本上的内容，或是以为放到包里的东西，其实落在了饭桌上。有过这样经历的你，要不要尝试一下“遗忘归零挑战”？这可是提高记忆力很有效的训练方法呢。

确认框能够有效帮助我们减少遗忘的可能性。请你在学校里把第二天要带的东西写到记事本上，并在旁边添加被称为“确认框”的小方框。当你要准备第二天的物品时，查看记事本，已经放入书包的就在确认框里做记号，没有记号的就表示还未放入书包。照此为所有小方框一一做标记。在你早上出门时，不妨再确认一次。有些必须告知别人的事情，也可以使用确认框标记法，这能有效避免“以为已经告知了，其实还没有”的情况出现。

更上
一层楼

专题挑战

做算术练习题，不断获取100分

记忆时的正确性很重要

可能你觉得总能考 100 分这事，与“记忆”不是一回事。但如果输入的是错误的东西，那么无论输入多少都是无意义的。所以我们在记忆的时候，必须经常确认记忆内容是否正确。从他人处听到的话语，或是转瞬即逝的东西，如果不加确认就去记忆，就可能会造成把静谧的读音 jìng mì 记成 jìng bì 的情况。

请抱着“一定会有失误”的想法，进行验算

怎样做才能在算术练习中获得 100 分呢？方法就是要反复验算，做出答案后再次计算核对。只验算一次，仍有很高的出错可能性，因此只要有时间，就请进行反复多次的验算。此外，你在验算时若总是想着“应该对了”“没问题了吧”，那也难以发现失误；而若是抱着“肯定有错误”“一定有失误”的想法去验算，就真的会发现意料之外的失误。让我们挑战不断获取 100 分，提高计算正确率吧！

输入高手专栏

牢记“选择3项”，输入更有效

希望大家在试图记忆某事时，注意“选择 3 项”进行记忆。当我们读到或听到 100 项事物时，能够全部记住固然优秀，可实际上往往很难做到。当然，记忆力可以通过练习来提高，例如，前面我介绍过的扑克摸对儿游戏就是一种很好的训练方式。但是在不练习的情况下，想要提高记忆效率，就要决定哪些是重要事项、哪些不是。这时，我们可以有意识地通过“3”这个数字去筛选出绝不能遗漏的事项和不能忘记的东西。

请感受一下下面这个例子：假设在你乘船的时候，突然从空中落下 100 个宝物。你若是不接，宝物就会全部沉入海底；若想要 100 个全接住，又一定会应接不暇，那就选择 3 个最珍贵的去抓住吧。

从众多事项中抓住 3 个主要的，好好磨炼这种天然的直觉，会让输入更有效。选择出最重要的事、次重要的事、一般重要的事，之后再将这 3 样组合起来，你就会很容易明白事情的本质“原来如此”。

第 4 章

调查

输入基础训练

多个版本阅读比较，综合判断调查结果

阅读前要确认图书的出版信息

我们在查阅图书时，有两点需要注意。

一是对于同一事物，不同的书，说法也会不同。因此当我们要调查事物时，不能只参考一本书，至少要读到三本。就好比朋友吵架，如果你只听 A 的话，可能会认为“B 太不像话了”，但若再问问 B，又会想“也能理解 B 所说的”。从各个不同的角度进行确认，对于调查问题十分重要。

二是在科学领域，尤其要注意尽量使用新书进行调查。拿我的童年时代，也就是 50 年前出版的宇宙科学类图书来说，其中的知识放到现在肯定已经大大落后，新的发现也不曾记载其中。每本书都有自己的版本信息页，可以通过它确认该书的出版时间。像宇宙科学、环境科学、医学等知识更新很快的领域，10 年前出版的书，其内容恐怕就已经很陈旧了。

输入基础训练

请教大人时，请提问其擅长的领域

请教专家，可以更快满足你的好奇心

在你的周围，一定有一些擅长教授知识，并拥有教授热情的人存在吧？他们是谁呢？答案就是学校的老师。在学校里，有各个学科的老师。例如，当你想了解篮球时，可以去询问少儿篮球队里的教练：“该怎样做才能让我的篮球打得更好？”我在小学时，除了向班主任请教之外，还和很多任课老师保持着良好的关系，从他们那里获取了很多知识。

除了老师，我们还可以向各领域的专家求教。关于面包的问题就应该去问面包师，关于植物的问题就应该去问园艺师。小孩往往认为任何一位大人都无所不知，其实并非如此。如果我被问到做菜的相关问题，也会有些茫然无措。因此，无论是基于工作还是兴趣，都请询问对方擅长的事项。

输入基础训练

进行网络检索时，要尝试多种“检索词”

切记，绝不可轻易与网络上的陌生人交往

网络上信息丰富，要获取信息，关键在于查找信息的词汇——检索词。例如，你想知道中国的人口状况，可以尝试输入“中国”“人口”这样的词语。如果你输入的是“中国”“人”，就会出现与中国人相关的情况，但很难关联到人口。建议不要只使用一个检索词，而是输入多个进行查找。比如只输入“中国”一词，检索到的就都是关于中国的大致说明。在检索词选择方面也要进行习惯的培养，所以平日做一些练习会更好。检索的过程中，你还会发现许多相关的其他信息，这样你的知识面就会不断扩展，对知识的了解也会更为详细。这些都是网络的优点。

但是要切记，对于那些打着“我来教你”旗号的网络陌生人，一定不要与其直接交往。因为这其中可能有骗子等会给别人带来危险的人，或是看上去很温和、实际上很可怕的人。

输入进阶

看动画片时，请在广告时间里把之前看到的内容讲给别人听

定个规矩，做不到的话就不允许看下半集

大家很喜欢动画吧，看着看着就会被吸引，甚至沉迷其中。那么，我们就利用喜欢动画这一点做个输入训练吧。

面向小学生的动漫节目，一般在播放 10～15 分钟后会插入广告。建议你在广告时间里，把之前看到的内容大意讲给家人听。可以定个规矩，如果你不能很好地说明看过的内容，就不允许继续看广告之后的剧集。

这种练习既可以用于输入训练，以提高专注的观察力和对谈话重点的捕捉力，也可以用于输出训练，锻炼在短时间内迅速进行说明的能力。广告时间多在 1 分钟左右，这么短的时间里概括大意并加以说明其实是一件很难的事情。但如果能做到这些，你就已经成为输入和输出两方面的高手了。

输入进阶

每天记录固定场所的变化，训练专注的观察力

即使是同一座山，不同的观看角度和天气也会导致不同的观察结果

我生长在日本静冈县，家附近有富士山。孩提时代，我面对富士山，只有一些“今天看得很清楚”，“今天有雾看不清”或“今天看不见”之类的感想。上大学后我在东京待了几年，难得有见到富士山的机会。所以当我再次见到富士山时深受震撼，因为感觉每一分钟它的身姿都在变化。阳光照射的角度带来阴影形状的变幻，山表的颜色也时刻不同。只用“看得到”“看不清”“看不到”来表达的话，便是自以为看了，其实却什么也没有看到。我想，那些喜爱富士山的人一定每天都会有新的发现。常有静冈的朋友给我发来“今日富士山”的照片，每一张山的样子都不同，从中可以真切地看到其外观的改变。

无论是远处的风景还是庭院的一角，都请你选择一个固定的场所，每天记录它的样子吧。不是望着那儿发呆，而是用心专注地观察，这也是很好的输入训练。

输入进阶

花10分钟持续观察，能获得意料之外的发现

新发现会让人欢欣雀跃

还有一个利用“观察”进行的输入练习，那就是凝视训练。日本有一位叫三好达治的诗人写了一首名为《土》的作品，只有短短 4 行。

蚂蚁
拖拽着蝴蝶的翅膀
啊
犹似一叶风帆

小诗讲的是蚂蚁拖着死去蝴蝶的翅膀前行，看上去好似一只小小的帆船。我想这一定不会是一瞥之下的感想，而是经过了持久观察，才得出那画面与帆船相像的结论。虫也好，花也好，或是某处的风景也好，请试着花 10 分钟观察一处景物，从中获得的意外发现一定会让你兴奋得雀跃不已。

输入进阶

背诵10首古诗词，输入传统文化

传统文化
是古人留给我们的礼物

梅、兰、竹、菊被中国人称为“花中四君子”，它们经常出现在古人创作的诗词歌赋中，用来比喻君子身上所具有的圣洁、孤傲、正直、坚毅等品质。这些诗词流传至今，梅、兰、竹、菊的象征性形象也早已深入人心。你可以通过阅读、朗诵和背诵相关诗句，来体验中国古诗词的意象之美。这其实也是对中国传统文化的一种输入。

传统文化中蕴含了先人的感性，输入这些能让你的思想更为丰富。作为小学生，你可以尝试接触唐诗宋词。电视中，还有以记忆这些诗词为比赛内容的节目，只有那些对诗词记得最准、反应最快的人才能获胜。记住全部的古诗词自然困难，那就先熟记其中的 10 首吧。请你通过背诵古诗词，输入古人的细腻情感和优美的语言表达。

更上
一层楼

专题挑战

试试采访家人以外的人

不是只有记者才可以做采访！

通过向他人询问或亲身体验来获取知识和收集信息的行为，被称为“采访”。你是不是认为只有电视台、杂志社、报社的记者才能做采访呢？并不是这样的。电影导演与故事原型发生地的居民进行交谈，食品公司的点心师为了制作新糕点而询问小学生们的喜好，这些都是采访。所有人都可以做采访，你也可以去采访你想知道的事情。

试着与你感兴趣的从业人员交流吧

这次的专题挑战是请大家对家人以外的人做采访，例如，采访老师在学校的一天。不仅仅是班主任，可以多找几位老师采访一下，你一定会有很多新发现，比如有的老师早上出发上班的时间早得令人吃惊，有的老师在休息时间里并不休息，等等。还有那些你感兴趣的从业者，医生啦、消防员啦，去采访一下他们吧！别忘了一定要把采访时的谈话整理成笔记，告诉朋友和家人哟！

输入时，应该从哪里获得信息

视频信息与书籍信息，你更相信哪一个

随着网络的发达，越来越多的人利用网络来查询问题。这其中，网络视频因为有着可以边看画面边确认的便利性，吸引了众多使用者。

但是，网络上也有不少无法完全信赖、信息有误的视频。请记住，视频中的信息并不都是准确的。因为谁都可以上传视频，即使有错误的信息也可能被广泛传播。

那么，我们该去哪里寻找准确的信息呢？我认为书籍更值得信任。书籍是经过了出版社的调查，确认“都是正确的信息，同意出版”之后才上市发行的。并且，写书的人多是某个领域的专家。如果写得敷衍马虎，就会在读者心中失去信用，甚至还会丢掉工作。此外，书籍的内容往往经过了各个编校阶段的检验，值得信赖。当然，在众多的图书中，也有让人一看就大吃一惊，觉得“怎么会这样”的无稽之谈。

将视频作为调查手段时，要多看几个进行比较

虽说有些视频内容不太可靠，但也不是所有视频都不可信。用一个词语来形容就是良莠不齐，意思是正确的信息和错误的信息掺杂在一起。

因此当你把视频作为调查问题的手段时，要多看看不同的人上传的视频，进行比较。若是看了一个视频，让你感觉“是这样啊”，那一定要再看看其他的，重要的是多看几个相互对比。有可能会出现“虽然觉得这个人说的很正确，但是在其他视频里，也有人说他‘不可靠’”的情况。

你如果因为视频而对某事产生了兴趣，就不要再使用视频去做了解，而应通过网络新闻、报纸以及相关的图书进行检验。培养自己从视频入手，用文字进行确认的习惯。如果仅凭视频就下判断，知识就会产生偏移。薯条虽好吃，但若总是靠吃薯条来生活，就会引起身体某处的不适。看视频就像吃薯条，需要有节制。

未来，属于终身学习者

我们正在亲历前所未有的变革——互联网改变了信息传递的方式，指数级技术快速发展并颠覆商业世界，人工智能正在侵占越来越多的人类领地。

面对这些变化，我们需要问自己：未来需要什么样的人才？

答案是，成为终身学习者。终身学习意味着永不停歇地追求全面的知识结构、强大的逻辑思考能力和敏锐的感知力。这是一种能够在不断变化中随时重建、更新认知体系的能力。阅读，无疑是帮助我们提高这种能力的最佳途径。

在充满不确定性的时代，答案并不总是简单地出现在书本之中。“读万卷书”不仅要亲自阅读、广泛阅读，也需要我们深入探索好书的内部世界，让知识不再局限于书本之中。

湛庐阅读 App：与最聪明的人共同进化

我们现在推出全新的湛庐阅读 App，它将成为您在书本之外，践行终身学习的场所。

- 不用考虑“读什么”。这里汇集了湛庐所有纸质书、电子书、有声书和各种阅读服务。
- 可以学习“怎么读”。我们提供包括课程、精读班和讲书在内的全方位阅读解决方案。
- 谁来领读？您能最先了解到作者、译者、专家等大咖的前沿洞见，他们是高质量思想的源泉。
- 与谁共读？您将加入优秀的读者和终身学习者的行列，他们对阅读和学习具有持久的热情和源源不断的动力。

在湛庐阅读 App 首页，编辑为您精选了经典书目和优质音视频内容，每天早、中、晚更新，满足您不间断的阅读需求。

【特别专题】【主题书单】【人物特写】等原创专栏，提供专业、深度的解读和选书参考，回应社会议题，是您了解湛庐近千位重要作者思想的独家渠道。

在每本图书的详情页，您将通过深度导读栏目【专家视点】【深度访谈】和【书评】读懂、读透一本好书。

通过这个不设限的学习平台，您在任何时间、任何地点都能获得有价值的思想，并通过阅读实现终身学习。我们邀您共建一个与最聪明的人共同进化的社区，使其成为先进思想交汇的聚集地，这正是我们的使命和价值所在。

图书在版编目（CIP）数据

小学生就要懂的自主学习法.阅读、倾听、记忆、调查，全掌握 /（日）斋藤孝著；崔颖译.—杭州：浙江科学技术出版社，2024.4

ISBN 978-7-5739-1152-0

Ⅰ.①小… Ⅱ.①斋… ②崔… Ⅲ.①小学生—学习方法 Ⅳ.① G622.46

中国国家版本馆 CIP 数据核字（2024）第 054677 号

书　　名　**小学生就要懂的自主学习法**
著　　者　[日] 斋藤孝
译　　者　崔颖

出版发行　**浙江科学技术出版社**
地址：杭州市体育场路 347 号　邮政编码：310006
办公室电话：0571－85176593
销售部电话：0571－85062597
E-mail:zkpress@zkpress.com
印　　刷　北京盛通印刷股份有限公司

开　本	710mm×965mm　1/16	**印　张**	11
字　数	47.5 千字		
版　次	2024 年 4 月第 1 版	**印　次**	2024 年 4 月第 1 次印刷
书　号	ISBN 978-7-5739-1152-0	**定　价**	79.90 元

责任编辑　柳丽敏　　**责任美编**　金　晖
责任校对　张　宁　　**责任印务**　田　文

湛庐 CHEERS

与最聪明的人共同进化

HERE COMES EVERYBODY

CHEERS
湛庐

说话、写作、表达，全掌握

小学生就要懂的自主学习法②
頭が良くなるアウトプット

[日]斋藤孝 著
崔颖 译

浙江科学技术出版社·杭州

前言

输出让你变成快乐的小孩

在你班里，有没有在老师说话时总是要问“为什么”的同学呢？你会不会觉得他们很吵，希望他们能安静地听讲呢？其实能够准确表达疑问的人，往往是头脑聪明的人。

能够把字写正确，或是把计算题做得准确，这当然是非常重要的。不过，最近教育者们开始转变思想，反思“头脑的聪明是否只能用高分来体现”。

今后，能自主思考、发表自己意见的人，能用学到的知识解决问题的人，能够进行创新的人，都将被称为头脑聪明的人。

输出，意为“由内部向外部发出”。将自己的想法通过说话、写作以及制作物品、展示特长等行动来准确地表达，这些行为都是输出。

未来的时代里，擅长输出是头脑聪明的条件。但是一直以来，输出都受到轻视。人们重视对知识的学习，但学校却很少教授学生如何对知识进行运用。很多人都不擅长输出，他们觉得将自己知道的事情说给他人听会显得自以为是，所以更愿意保持沉默；明明知道是正确的行为，却没有行动的勇气；想到有趣的事情，会因为担心被嘲笑而不愿开口。你是否也有过这样的经历呢？本书会向你介绍各种方法以减少这样的情况发生，为你增添勇气，让你成为输出高手。

输出可以通过练习来取得进步。害羞的人会因此变得积极；原本就积极的人，则会成为更加有进取心的人，更努力去表达自我。当输出成为习惯后，你一定会变得快乐无比。

目录

目录

序章

Q&A

关于输出的问答

什么是输出？它有什么意义呢？

Q1

“输出”的英文是output，out意为“外面”，put意为“放置”，就是将想法与才能展现出去的意思

output 是英语，意思是产出和输出。是否感觉有些难理解呢？

让我们假设一下这样的场景：周一早晨的班会上，老师问：“本周的目标是什么？”你回答：“努力做到不丢三落四。”这种回答就是输出，也就是将自己的想法传达给他人。画画、唱歌、写作等都是输出。将自己内部的东西展示出来，告知他人；将自己知道的东西介绍给他人；利用已知的东西进行创新。输出就是用来表达这些意义的词语。

输出的感觉就如同相扑运动员将盐粒哗啦啦地撒到比赛场地上一样。将自己拥有的东西向外抛去，毫不吝啬，尽情挥洒。当你习惯了输出后，一定会变得越来越积极向上。

输出为什么重要呢?

因为在今后的时代里，获取世界各地的信息是一种必需的能力

其实，很多人并不擅长输出。比起阐述自己的观点，人们更愿意附和他人。因为这样人们可以更好地合作，并且相互间显得客气恭敬。但是随着网络的发达，信息不断涌入，也带来了生活上的飞速变化。如果我们只会附和他人，早晚会被世界所抛弃。所以那些为未来着想的教育家们，希望孩子们能够具备新的学习能力，即“自主思考的能力”“自我表达的能力”和“创新的能力”。也就是说，今后的时代是必须磨砺输出能力的时代。

即使并不善于输出的人，通过练习也可以一点点找到自信。拿出勇气，将自己的想法说出来吧！

可是，我不擅于在人前表达自己的意见，怎么办？

Q3

大量练习输出，积累经验后，就会增强自信、产生勇气

输出的关键是勇气。一味害怕丢人或因担心失败而放弃，就无法做到输出。那么怎样才能具备勇气呢?

一是进行大量练习。在众人面前发表意见需要勇气，但是多次的练习会为你带来自信，有了自信就会产生勇气。能够大大方方演唱的专业歌手，在正式演出前也要进行多次练习。即使有一点儿小小失误，也能够从容遮掩过去，为了达到这种程度，有的人甚至会练上几百次。

在大量练习后，另一个重要事项就是要多次经历正式场合的磨炼。多次经历会让你“经验值上涨”。最初做得不好也没关系，因为越熟练才能越擅长。请带着热情去传递那些想让他人知道的信息吧！“我想把这个告诉你！”这种强烈的意愿一定会为你带来勇气。

无法进行有效的输出怎么办？

多次尝试，
可以让输出越来越有效

即使在东京巨蛋体育场里，面对几万观众开演唱会的歌手，也不是从一开始就能够站在这么大的舞台上的。无论是在海外的足球俱乐部里踢球的足球选手，还是获得诺贝尔奖的学者，大家都是从“为了能达到连续 10 次颠球而不断练习”或“去图书馆查阅不懂的问题”这样的一小步开始的。只有孜孜不倦地积攒经验，才会带来令人赞叹的输出。

《徒然草》是日本一位叫作兼好法师的僧人写的书。书中有一句“因为字写得不好就不写信，这可不好”，意思是字不好看也没关系，不管其他，先写起来就好。因为做得不好所以就不做，这种想法可要不得。如果总是说“我写的东西不怎么样”，那么无论过多久都不会写好。要多写，通过数量的积累让自己运用自如。越熟练，输出也就越有效。

输出时需要注意什么呢？

不要宣扬坏话和谎言，想发表反对意见时注意措辞

不要输出对别人的坏话。或许你曾对家人说过“某某喜欢捉弄人”，但是请不要将这样的话在班级同学们的面前说。现在，也有人会把别人的坏话写到网络上。坏话就这样被传播到了世界各处，无法消除，甚至会造成严重的影响。

输出如果可能会伤害到他人，那就要考虑一下具体的做法。例如，即使与对方意见不同，也不要直接用“但是”这样的词表示反对。先用“哦，是这样啊”表示理解之后，再说“我是这样想的”比较好。诸如“你说错了”“错得离谱”之类的话会伤害到对方。

不宣扬谎言也非常重要。有时我们自己并没有宣扬谎言的企图，但结果却是输出了错误的信息，所以要注意不散播传言和从网络上看到的未经证实的事情。

输出高手都是什么样的人呢？

Q6

是一边阅读或倾听，一边思考如何将其输出的人

输出的反面称为输入。输出是“拿出去”，而输入则是“拿进来”。输入就是通过阅读、倾听以及调查，掌握自己所不知道的东西。

这两方面都非常重要，最好是在以输出为目标的情况下进行输入。如果你一边读书一边想“真有趣！明天要讲给朋友听”，这样读起来就会更有热情，还可能会因此产生浓厚的兴趣，而再去读其他相关的书。**在输入的时候能够想到输出的人就是高手。**

此外，输出高手也是活跃气氛的天才。当老师问“谁能讲讲暑假见闻”时，如果大家都沉默不语，那老师该有多尴尬啊。但如果有人说“我穿着西装去泳池跳水了”，那一定会让班里热闹起来。输出高手就是班级的宠儿。

输出高手专栏

接受临时挑战，锻炼机敏的反应力

虽然身为大学老师，但我也常以教育和交流专家的身份参与电视节目制作。大家看过日本 NHK 频道的《游戏学日语》节目吗？这是一档面向儿童介绍语言的趣味性和传统文化的电视节目。我担任该节目的综合顾问一职。

在这些工作中，我时常会遇到让人衷心感叹“真聪明啊”的主播和艺人，他们能在固定的时间内推进节目、输出笑料等，出色地完成自己的任务，很了不起。在直播还剩最后 5 秒钟时，通过连珠妙语让人在大笑中结束节目的收看，这必须是头脑聪明才能做到的事。

聪明的人，对于自己应该做的事情，总是毫不犹豫地去执行。A 与 B，哪个更重要、更值得去做，要在一瞬间做出判断并且还要判断无误。就比如火灾时最重要的是保命，如果这时还惦记着搬东西，导致丢了性命，那就毫无意义了。而让你能够瞬间做出判断的，就是自身储备的知识和毫不犹豫去使用它们的勇气。

第 1 章

说话

输出基础训练

试着按住丹田，丹田位于肚脐向下三指宽的地方

丹田中汇聚着能量，从中能够涌出大声说话的勇气

输出中最基本的行为是说话，将自己的意见传达给他人，是输出的第一步。

想要说话就必须发出声音。你有没有过在大家面前声音越变越小的体验呢？无论多么出色的意见，无法让人听到也就毫无意义。

想要发出洪亮的声音，就要意识到丹田的作用。所谓丹田是古人给身体部位的命名。具体位置约在肚脐向下三指宽的地方。一边发声一边把手放在肚脐下方的丹田，使劲按住试试。是不是发出了洪亮的声音？请你比较一下按住和不按住丹田时，发声方法的不同之处吧。

丹田是汇聚身体能量的部位，从中涌出的勇气是输出所必不可少的东西。请一定确认好丹田的位置啊！

输出基础训练

大声说话，确认自己的声音是否能传到远处

练习无论何时都能大声说话是非常重要的

你有过大声说话的经历吗？可能有人会因为害怕被批评“安静点！”而不敢大声说话。当然，在不能大声喧哗的地方一定要保持安静。但是，在很多人面前，自己的音量是否能被所有人听到，也需要事先确认好。在校园或公园里尝试一下发声练习吧。想象着自己的声音从丹田里被释放出来。

假设有 100 个人在听你的声音。面对这 100 个人，你要有意识地让声音能传给最后边的人。如果觉得自己的声音只能传给眼前 10 个人的话，那就多做几次发声练习，要有强烈的“让最后一个人也能听到自己声音”的想法。像歌剧演员那样把两手伸展开，这样做或许会发出大到连你自己都吃惊的声音呢。

输出基础训练

超快速朗读吧，大脑会因此转得更快

超快速朗读能让你说话干脆利索

你在和别人说话时，是否会有“嗯，那个”之类的口头禅呢？向别人传达信息时，关键是要说话干脆利索。

用极快的语速进行朗读是一种很好的练习，有益于锻炼干脆利落的说话方式。我为此创造了一个词汇叫作超快速朗读。作为尝试，你可以找出语文课本的某一单元，用在不卡壳的情况下所能达到的最快速度进行朗读。同时也请你计算一下时间，第二次要比第一次快，第三次则更快，如此提高朗读速度，不断增大 1 分钟内的朗读量。

这是一种一边发声一边用目光捕捉文字，进行迅速、正确阅读的练习。这样做不仅可以让自己说话干脆利索，还对大脑的开发很有好处。大脑动得快了，你就能把自己的想法流畅地表达出来，再也不用“嗯嗯啊啊”地磕磕巴巴了。

输出基础训练

用15秒做自我介绍，练习短时间内进行有实质内容的发言

1分钟

完成 15 秒的目标后，接下来挑战 1 分钟的自我介绍

还有一种训练可以帮你流畅地说出自己的想法，就是做 15 秒的自我介绍，即练习在很短的时间内进行有实质内容的发言。可以请家人帮忙计时。按下秒表的计时键就要开始讲述，从“我叫某某”说起，如家庭情况、成长环境、饮食喜好、喜欢的游戏、擅长的课程、害怕的东西、将来的梦想等，讲述那些能让他人了解自己的情况。这期间你一旦犹豫“讲什么好呢”，那转瞬之间 15 秒就会过去。可以把经过 1 秒钟想象成花掉 100 元，如果说“嗯，这个，那个”的话，一下子就会用掉 3 秒。明明还没说什么有用的内容呢，300 元就已经花掉了，多么可惜啊！

完成 15 秒的任务后，接下来请你挑战一下 1 分钟的自我介绍吧。如果能够说出 1 分钟有用的话语来，那你就已经成为输出的高才生了。

输出基础训练

在班会上，做第一个举手发言的人

只要抱着“要有益于大家”的想法，就会产生勇气

我经常参加电视节目，有时会遇到一些请求，例如“为了带动节目气氛，请唱唱这首流行歌吧”之类的。虽然我并不擅长唱歌，但是一旦收到这样的请求，我的丹田中就会凝聚出一股勇气，让我能努力去演唱。我发现，如果能像专业歌手那样唱功出色，自然会带动气氛；但如果多少有点走音，唱得不那么好的话，气氛反而会更热烈。所以为了节目我会尽可能去做一些力所能及的事情。

输出时重要的是勇气以及想要有益于大家的心情，所以也请你重视这两样东西。班会上征求大家的意见时，请你第一个举手吧。这确实需要勇气，可一旦你尝试了挑战，之后就可以向家人汇报：“今天我发表了这样的意见哟。”或许你还会想把这段经历写到日记里去呢。你看，输出的范围不就这样慢慢扩大了吗？

输出基础训练

把能打动你的漫画内容讲给朋友们听

介绍的时候善用“引用”技巧

对讲述自己的意见感到害羞的人，可以利用自己喜欢的漫画书进行输出练习。特别喜欢的漫画书也好，小时候多次阅读、非常中意的绘本也好，都可以利用起来做输出练习。

人对自己喜欢的东西就能大谈特谈，所以请向朋友们介绍你喜欢的漫画书吧。在讲的时候，请一定将漫画的台词也加到你的介绍中去。例如，你可以这样说：“这个地方，就是因为主人公的妈妈问他：‘你出生的意义究竟是什么？’他才又重新站了起来。他妈妈真是厉害呢。”

直接使用漫画中的台词、书中的文章或他人的原话，叫作引用。引用会让话语变得更有趣。比如，为足球教练举办的送别会上，如果你只说一句“谢谢您”是否感觉很无趣呢？但如果你说的是“正因为教练鼓励我们‘想象比赛胜利时的情景吧’，我们才赢得了比赛。真是感谢您”，这效果可就好得多了吧！

输出基础训练

尝试复述今天的上课内容，训练正确地传递信息

做笔记和写备忘录，对于正确传递信息十分重要

对新事物进行阅读和倾听，就是输入自己未曾掌握的信息。善于输出的人常会思考“如何才能有效传达新的信息”，他们也因此在阅读书籍和倾听他人话语时，认真专注，绝不走神。这就好比是传话游戏。玩好传话游戏，十分有益于训练输出能力。

你能把今天在学校学到的东西向家人好好进行说明吗？数学也好，语文也罢，都可以尝试一下。边看笔记或备忘录边进行说明也没关系。你能否将老师讲过的内容如实传达出来呢？如果“忘了一半”可不行。将听过的话抓住重点讲给他人听，是提高输出能力的极好训练。

更上一层楼

专题挑战

向意见不同的人说明自己的想法

与他人意见不同并不是丢人的事情

当我们被问到“大象是什么样的动物”时，可能很多人都会答“鼻子很长”。不过，大概也有人会说“身体很大”“耳朵很大”之类的。大家对事物的理解各不相同，这就是“多样性”。人人都有自己的想法和感受，我们要了解并承认这一点。

所以你和他人意见不同并不是一件丢人的事。但是很多人并不太擅长陈述不同的意见或是不太习惯被别人指出不同的意见。对此，我建议你在说明自己的想法时，要先考虑一下合适的说法。

思考如何让对方明白自己意见的说法

你在陈述不同意见之前，请先努力接受对方的说法。“我明白你所说的”“哦，是这样啊”“对，也有那种情况呢”等，在说了这些话语之后再陈述自己的意见。没有任何“前奏”，上来就说“但是”“并不是这样的”之类的语句会伤害对方，也难以让对方好好倾听你说的话。

例如，假设朋友认为男性穿粉色衣服很怪异，但你是男生，却正好喜欢粉色的衣服。那怎样做才能让对方认识到“也有穿粉色衣服的男性”呢？请多多练习，尝试在和谐的气氛下仍能表达自己的意见吧。

输出高手专栏

增加知识储备，才能更好地表达

虽然说话是输出的基本行为，但如果我们说的话没有内容，那也就毫无输出的意义。大家都愿意讲述那些能让人感到“原来如此”的有趣内容。

而能做到这样的输出，最重要的就是输入。输入就是吸收知识和信息，诸如读书、听老师讲课、遇到疑问进行调查等都是输入。输入的时候，如果还能想着“今后该如何将其输出”，就会想要知道得更深入，由此知识面也就扩展开来，而这又会带来有趣的输出。越输入就越想输出，越输出也就更想要输入——如此循环往复是最理想的。

当你看电视时，不要只是盯着屏幕发呆，要一边想着“明天在学校里聊聊这个吧”，一边去专注地看。或许你会因此发现“啊，这个场景在其他节目中也演过”之类的情况。如此一来，你第二天和朋友之间就会有很多谈资。从这些聊天里，你又会产生出其他可以作为输出的材料。就这样不断增加自己的知识和体验吧，愿你走向成为输出高手之路！

第 2 章

写作

输出基础训练

如果想进行大量写作训练，我推荐天天写日记

事情再小也要坚持每天记录，无事可写时就找事去做

写作和说话一样，都是输出的重要组成部分。不过写作比说话更难，因为写字本身就比较麻烦。说话时，希望大家不乱说话也不说空话，而是说有内容的话，写作也是一样。但是写作本就是不容易的事情，所以先不论其他，只要提笔多写就是好的。

适合大量写作练习的方式是写日记。比如爸爸放了个大臭屁啦；因为着急外出摔了一跤，脚疼得不得了啦，等等，这些都是小事，但就是这些甚至称不上事儿的东西也可以每天坚持写进日记里。写作可以让人头脑中浮现出的东西变成文字，给人带来自信。如果无论如何也没有可写之事，那就自己去找点事做，当作写作的素材吧。比如在冬天里放放迷你烟花啦，男孩子也可以试穿一下姐姐的裙子啦，诸如此类。寻找可写之事，也能锻炼输出能力哟！

输出基础训练

输出自己的想法！写出喜爱某个游戏或漫画的理由

只要是喜欢的东西，就会想到许多喜爱它们的理由，并由此形成输出

不人云亦云，而是将自己的想法写出来，这也是输出要达到的目的之一。说话和写作的目的都是相同的，将只有你才能做到的事情说出来或是写出来，就是一种很好的输出。

可以把你最喜欢的游戏用作输出练习。一边玩游戏，一边想一想：这款游戏究竟是哪里有意思？我为什么这么喜欢它？把这些理由写下来，诸如，“因为主人公的这个举动很有趣”，或是“为了掌握这项技能，花了很多工夫，好在最终练成了”等。这些想法不是来自他人，而是专属于你的，把这些写出来，就标志着你已经可以进行创造，进行输出了。

请你用自己喜欢的、令你感到愉快的东西进行输出练习，因为对喜欢的东西我们才更容易倾注热情。游戏和漫画也可以成为输出练习的好帮手，把你因它们而产生的想法讲给家人听吧！

输出基础训练

一定要在留言卡上写下只有你才能写出的话语

只有你才能写出的三言两语，对接受者来说是高兴至极的礼物

你有过在生日宴或是送别会上为朋友写留言卡的经历吧。这种时刻，请写下只有你才能写出的话语，那定会是一种可以让人心情愉悦的奇妙输出。

想象一下你在生日时，从朋友那里收到生日贺卡的情景：贺卡上大概都是些“生日快乐，友谊长存”之类的语句。但如果其中有一张写的是：“生日快乐。夏日庙会时，我们一起钓了那么多小金鱼，真是太开心了。明年还要一起去逛庙会啊！今后咱们也要做好朋友。”如何？你一定会印象深刻，高兴至极吧！因为夏日庙会里一起钓金鱼的经历是只属于你和朋友的回忆。就照这样，一点点写下只有你才能写出的东西，接收方必会因此对你产生良好的印象。请记住，仅仅只是添加三言两语，你的留言就会变得生动活泼了呢。

输出基础训练

尝试把家里的事情写成新闻报道，掌握让文章更加明了易懂的写作方法

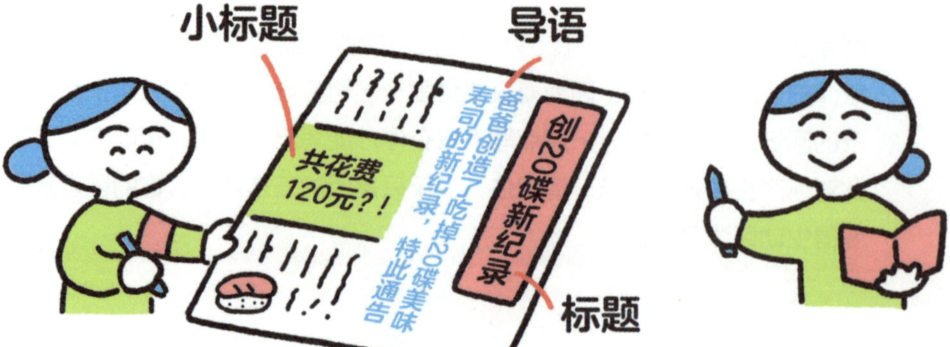

把最重要的事情当作标题，写在开头

最近，越来越多的家庭不再订阅报纸了。其实，报纸中有很多写作要点值得借鉴，可以帮助大家写出更加明了易懂的文章。所以家里没有报纸的人，请一定去图书馆多读读报纸。

在新闻报道中，首先出现的是标题，它揭示了该报道中最重要的事项；紧跟标题的是导语，用以简单地归纳报道内容；不足以做大标题，但却是报道要点的，则成为一些段落的小标题。

请你也尝试着当一回记者，写写报道吧。主题可以是家中发生的事情，如全家旅行、生日宴会、品尝美食等，什么都可以。例如，可以写上这样一篇报道：大标题是“创 20 碟新纪录”，导语写“爸爸创造了吃掉 20 碟美味寿司的新纪录，特此通告”。这样的内容真是让人忍不住想要读下去呢。

输出基础训练

抓住要点就能轻松写出读后感和作文

1 写写读后感

一边画线一边阅读，重要的部分用红线圈出来

写读后感的准备，从阅读的那一刻就要开始了。为了方便记忆，可以一边画线一边阅读。我总是拿着三色圆珠笔读书，一边读，一边把认为非常重要的地方画上红线，比较重要的地方画上蓝线，很有意思的地方画上绿线。当我阅读完再翻开书时，哪儿是自认为重要的地方，哪儿是有趣的地方，通通一目了然。如果我觉得特别重要，印象特别深刻的语句，就用红线圈上好几圈。带着红圈的文章跃入眼帘、深入记忆，会让人体会到读书的成就感。

不过，画线一定要在自己的书上画哟，朋友的或是图书馆的书不能画线，在印象深刻的地方贴个便利贴吧。

2 写写读后感

在画线的过程中，选出印象最深的3处

一边画线一边读完一本书。回看的时候，很多书页中肯定都留有标记，请在这其中选出最喜欢的 3 处。“在众多的标记语句中，这个最好！”以此为理由，选出最佳的 3 处。

选的时候，如果你只从开头部分选，恐怕会让人认为“他是不是只看了开头”；如果只从最后部分选，又会让人怀疑“他是不是看了看后记就写读后感了啊”。被人这样怀疑实在令人懊恼，所以我们尽量从书的开头、中间、结尾部分都进行选择。

选择3处

实际上，选择本身就是输出。从各种选择中挑出自己认为最好的、最喜欢的，这也是一种进行自我表达的输出方式。

3 写写读后感

针对选出的3处语句，结合自己的经历添加感想

选出印象深刻的 3 处语句后，请为它们添加引号进行摘录。这叫作引用，就是把别人写好的内容原样抄写出来。引用后，写出自己选择该语句的理由。写的时候要注意结合自己的经历，比如，看到某个句子就想到:“要是我那次失败后及时看到这句话，就不会那么难受了吧。”和留言卡一样，要写只有自己才能写出的感想。例如，你看了一本叫《义犬报恩》的书，如果只是简单的一句感想“好可怜啊”，那谁都能写出来。但如果是“我家的狗狗也和小狗帕奇一样，经常与我依偎在一起呢”，那就是只有你才能写出的语句了。突然想起的事情、特别想要诉说的事情、自己绝不可能做到的事情等，只要是与自己相关的经历，什么都可以写。把它们写出来，就成了专属于你的读后感。

1 写写作文

寻找写作素材，把想到的东西写出来

定下题目后，写出自己的感想和思考，这样的文章就是作文；但如果像日记那样，仅仅是把自己想到的东西写出来，这样的文章并不能完全称之为作文。

写作文之前，首先要做的是寻找素材。就是根据作文题目，将由此想到的东西都写下来。可以把收集到的素材写在笔记本上，不过建议最初寻找素材时使用便条，一张便条上只写一个素材，这样方便之后的整理。

例如若是写你和家人去旅行，那想到的素材可以包括收拾行李、乘坐火车、旅途偶遇、途中饮食、购买特产、旅行乐趣、沿途风景——奔腾的河流、美丽的枫叶等等，只要能想到的素材就通通写下来。试试看：你想到了多少条素材？一定写了很多张便条吧！

2 写写作文

思考素材使用顺序的同时，构思作文的结构

收集好素材后，就要构思如何对其进行排列组合了。这时写有素材的便条就会派上用场。先把便条都排列起来看看，“不想写这个事”或“这个事重复了，去掉”，按这样的想法进行一遍筛选；然后把剩下的便条再来排列一遍。

这次是一边思考写作顺序一边排列，你可能会想到“开头写这个，那个写得详细点，把这个放最后写吧”。有时候顺序也会有更改，“一开始还是写这个比较好”，那就把顺序换一下，一直重新组合到想好为止。

构思好之后，就要按照便条的提示动笔写作了。因为要写的内容和素材的使用顺序都已明确，所以写起来会很顺畅，特别是安排好了结尾部分的话会更加方便。写作和体育运动一样，如果有一个漂亮的收尾就会显得特别棒呢。

更上一层楼

专题挑战

写写10页以上的论文

论文和作文有何不同

论文这个词听上去很难呢。在学者的世界里，写论文是非常重要的工作之一。那么，论文和作文有什么区别呢？

论文和作文一样，都是要把“我的想法”写出来，但不同点在于论文要以调查清晰的事实为依据进行写作。通过查阅各种文献、与很多人谈话、进行实验等方式搞清楚一件事，然后写出自己对此的看法，这样做出的文章就是论文。

定下题目，进行调查后开始写作，并在最后加以总结

接下来，就请你对自己感兴趣的东西进行调查，写写论文吧。字数嘛，可以挑战一下写满 10 页的稿纸。小学生也可以做到，据说有的小学生甚至写满了 100 页！

你可以先定个主题，如“地球温室效应”“古诗词”“鲁迅先生”之类的。题目可以写成“为什么……？”的问句形式。通过课本和其他文献对与该疑问相关的东西进行查阅，把其中重要的部分写出来。若是较长的文章，可以摘取要点，再把自己的想法也都一一写上去，还可以添加插图和表格。最后要对文章进行总结，写出自己究竟搞清楚了什么。看，一篇出色的论文就这样完成了。

输出高手专栏

用手写字越多，大脑就锻炼得越好

当今时代，越来越多的人使用电脑和智能手机，用手写字的机会越来越少了。偶尔手写一封信，常会因为“咦，这个字怎么写来着”，而出现不得不停笔苦思的情况，甚至有人因此担心自己的头脑已经不好用了。

大家作为小学生，一定要多多用手写字。将来长大了，迫不得已使用电脑和智能手机输入文字的情况会不断增多，所以要趁现在多练习动手能力。用手写的字越多，大脑得到的锻炼就越多，也会越来越聪明。

写日记和作文时，如果里面充斥着太多的拼音，那看上去可不够美观，所以请尽可能地写汉字。汉字写得越多记得越牢固。有不会写的字，可以查阅小学生专用的字典，边查边写。另外，字的笔画顺序也要记清楚啊！

练习多了，写字的手速也会加快。等上了高中和大学，你就可以快速做课堂笔记了。能够及时记下老师所讲的内容，是一种十分了不起的本领呢。

第 3 章

表达

输出基础训练

从喜欢的书和漫画中选出最喜欢的10册

对事物“进行选择”是输出的第一步

表达就是将自己的思想传递到外部，这也是一种输出行为。思想并不仅限于意见和想法，例如，体育你特别拿手，在运动会上以绝对优势获得第一名的这种情况，就是你的“我绝不能输！”这种想法的外在表达。感动于美丽的景色，对其进行拍照或绘画，是一种表达；把和朋友吵架后后悔的心情写成诗歌，同样也是一种表达。

作为磨炼表达力的训练，第一步请先选出你最喜欢的 10 本书吧。漫画书也可以，选择这一行为本身就是一种输出。至于如何选择，因人而异。选出后可以和朋友们比较一下。可以想象得到，5 个人选择的 50 本书，绝不会完全相同。不仅是书，衣服、节目、音乐、图画、演员等也是如此，请从所有你喜欢的事物里先选出前 10 名来吧。

输出基础训练

热情地说出最喜欢的3样食物的理由吧

精彩的输出
离不开热情

时尚感好的人，能够从很多衣服中选出让自己看上去最潇洒帅气的那一件，即使是对一件衣服的选择，也能从中展现出他的内在。**选择就是一种自我表达。**

表达的时候，请从自己喜欢的东西、感到愉快的东西开始，例如，选出最喜欢的 3 种食物。当然也可以选出 3 种最讨厌的，不过还是思考喜欢的东西更让人心情愉悦吧。选出最喜欢的 3 种食物后，请向朋友和家人说明为什么喜欢它们。因为是从众多食物中选出的前 3 名，所以要充满热情地去讲述理由，而这就是输出的关键之处。如果再插入情节进行描述，如“这是奶奶经常给我做的鲜花饼，我特别喜欢。奶奶去世前曾经跟我说过这样一件事……”，就会成为很精彩的输出啦。

输出基础训练

模仿也是一种出色的输出，尝试模仿一下喜欢的人吧

对喜欢的事物进行彻底的模仿，可以诞生新事物

你会觉得模仿是不好的事情吧，但其实，输出也可以从模仿开始。莫扎特是伟大的作曲家，但最初他也是从大量练习弹奏前辈音乐家的钢琴曲开始的。通过练习，他逐渐让它们融入自身，然后以“能作出像某某前辈那样的曲子”为目标去努力提升自己。那之后，莫扎特在模仿的基础上再加以精进，从而创作出了属于自己的独特乐曲。

尊敬自己喜欢的人并对其加以模仿的行为，被称为致敬。如果你将来想成为喜剧艺人，那就去模仿喜欢的喜剧艺人的话术；想要棒球打得好，就去观察模仿喜欢的选手的球棒挥舞方式。对喜欢的事物进行彻底模仿，可以催生新的事物，从而带来好的输出。

输出基础训练

为感受添加韵律，创作押韵的短诗

尝试练习
用简短的词语进行表达

表达情绪，可以采取各种形式。尝试一下创作韵律短诗，如何？

生活中有很多让人心有所动、发生感触的瞬间。我们对于留意到的事情，虽然想着“过后要写进日记里”，但真到写的时候，最初的新奇和感动却又消失不见了。所以在有所感触的瞬间，我们就要及时捕捉住情绪，用诗歌将其表达出来。古代文人就很擅于用带有韵律又富有韵味的短诗来抒发心情。当然，即使你写得不好也没关系，只要把自己的感受如实表达出来就可以了。

我曾协助《游戏学日语》电视节目的拍摄，其中有一个环节就是用富有韵律的句子来抒发心情。有时听到孩子们创作的韵文，我会不由得激动落泪。因为在这些直抒胸臆的韵文诗歌中，蕴含着感动人心的力量。

输出基础训练

尝试作诗，练习用语言自由表达自己的感受

短短几行言语，或成动人名作

韵律诗总是受到形式的限制，如果想要更自由地表达心情，不妨尝试创作自由诗。创作自由诗和韵律诗一样，无须考虑自己是否擅长，或会不会运用美妙的词语，只要把所感、所见用语言如实表达即可。请看日本诗人三好达治的诗作《土》。

蚂蚁
拖曳着蝴蝶的翅膀
啊
犹似一叶风帆

蚂蚁拖着死去蝴蝶的翅膀前行，样子好似一只小小的帆船。毫不起眼的场景，那份心灵的触动却被写成了《土》这样一首作品，50 年后的今天仍然流传于世。真是很厉害！

输出进阶

留意到的事物马上写下来！制作资料本，不漏掉任何一个创意

越输出越快乐，让输出成为习惯

越是输出，就越想要输入。输入就是获取知识让其成为自己的东西。一味输出，却不做相应的输入，头脑就会变得空白。

表达自我是一件愉快的事情，就让输出成为我们的习惯吧。不断输出，也不断输入，再由此带来更强烈的输出意愿。让这种输入与输出的循环相接成为自己的目标。

“绝对要把这个写进日记里”，“明天去了学校，一定要说说这件事”，如果你有这样的想法，那不妨先写到笔记本上。留意到的事情、让人感叹与感动的事情，不马上记录下来的话很快就会被忘记。若想不让创意溜走，就尽快把它们记下来。当笔记本成为你独有的资料本后，你也就能更好地输出了。

输出进阶

练习使用电脑，提高自己的拼音运用能力

不独自使用电脑，和大人一起练习

如果你家里有电脑的话，那请务必接触一下电脑，因为今后随着你的成长，使用电脑将自己的想法写成文章，将调查的东西用图表进行总结的情况会越来越多。电脑大大有益于当今时代的输出，也有助于查找各种资料。学校里可能会有使用电脑的课程，但是在家里也要不断地进行练习。

无论你是从几年级开始学习英文字母的，一定要牢记，因为你还需要用 a、b、c……来给汉字标注汉语拼音。使用电脑时，也基本是用这些字母输入文字，所以必须好好掌握。但是要注意，如果错误地使用电脑，可能会导致不好的后果。所以请不要独自使用电脑，一定事先咨询家人，和大人们一起练习。

输出进阶

将擅长的东西做成电视节目那样的视频

小学生
不要将自己的作品
传到网络上

如果你有“大发现”或是做了“有趣的东西”的话，不妨试着用电脑，模仿制作一个“电视节目”。例如，把自己玩托球游戏的绝招做成视频。一旦开始做，你就会发现需要掌握摄像机的使用方法、文字和音效的插入等知识和技能。希望你能够学会并掌握这些操作。此外，还可以尝试用电脑作曲、制作游戏等。

大人们会将自己的作品上传到网络，但是你们不要这样做。将你的作品和家人一起观赏，或是与朋友分享，一定要在有限的人群里发布你的成果。网络中常会隐藏着看上去温和、实际却很危险的人物，当这种人接近时，你往往意识不到其中的危险性，所以请你在长大后再将作品上传到网络吧。

更上一层楼

专题挑战

创作新词！

输出之王是能够创新的人

输出，是把自己拥有的东西传递给外部，将自己的所思所想告知他人，或者通过绘画、唱歌、写作等方式。只要是将自己头脑中的想法向外表达，就都是输出。

那么，终极的输出形式又是什么呢？那就是运用自己的知识和经验进行创新，做其他人所未做的事情，创造世上没有的东西。输出王者就是这种能够产出创意的人。

创造表示“非常喜欢”之意的新词！

你一定知道“警察”这个词吧，像巡警等职业的人都被称为警察。实际上，警察这个词在清朝以前还不存在，直到清朝末年才被创造出来。

你也尝试着创作新词如何？比如创作一个表达“非常喜欢”之意的词。作为创作的依据，可以从表达温和平静心情的角度入手，也可以捕捉人们脸上的表情，或是从最要好朋友的特征上提取印象，总之什么方法都可以。创造出这样的新词后，可以在朋友之间相互交流比较一下。

输出高手专栏

输出需要勇气与创意

不断输出只属于你的独特创意

要问输出中最重要的是什么，我认为是独创性。是否感觉有点难理解？独创性就是指至今没有，而由自己创造出的新想法、新方法。

例如，有人猜想“只要撒上胡椒，任何食物都会变得好吃”，并因此尝试在所有的食品上都撒胡椒后再吃，甚至在冰激凌、水果和泡饭上也撒胡椒。当然这样做会有并不好吃的东西，但也会因此而诞生令人吃惊的新美味。我就曾看到过这样的节目，仅仅是由于在食物上撒胡椒的创意就登上了电视，因为这样的人具有独创性，想出了前所未有的新点子。

这就是输出的精神，即实践精神，对任何事情都敢于挑战，即使被嘲笑也毫不退缩，有勇气去表达自己的看法。不停“撒胡椒”的人，就是优秀的输出高手。

输出精神为人类带来发展

输出精神的一种表现就是勇于实践，从大的方面说，这种精神与人类的发展息息相关。

如果一个重的物体和一个轻的物体同时坠落，你认为哪个先掉到地面上呢？想来应该是重物更快落下吧？古代哲学家亚里士多德也是这么认为的。在当时，亚里士多德受到如神灵一般的尊崇，人们毫不怀疑他说的话的正确性。但是大约 400 年前，一位名叫伽利略的科学家却对此提出了质疑，并为此进行了实验，得出物体坠落的速度与重量无关的结论。这一说法，随着科学的发展得到了证实。伽利略还持续观察宇宙，说出“不是太阳围着地球转，而是地球围着太阳转”。因为伽利略，科学得以有了巨大的进步。

对于一些被认为理所当然的事情，也要秉持着刨根问底的精神进行质疑，鼓起勇气去尝试，并且将这些质疑告知他人、写成文字。或许通过输出精神带来的创新，你也能为人类发展做出贡献呢！

未来，属于终身学习者

我们正在亲历前所未有的变革——互联网改变了信息传递的方式，指数级技术快速发展并颠覆商业世界，人工智能正在侵占越来越多的人类领地。

面对这些变化，我们需要问自己：未来需要什么样的人才？

答案是，成为终身学习者。终身学习意味着永不停歇地追求全面的知识结构、强大的逻辑思考能力和敏锐的感知力。这是一种能够在不断变化中随时重建、更新认知体系的能力。阅读，无疑是帮助我们提高这种能力的最佳途径。

在充满不确定性的时代，答案并不总是简单地出现在书本之中。“读万卷书”不仅要亲自阅读、广泛阅读，也需要我们深入探索好书的内部世界，让知识不再局限于书本之中。

湛庐阅读 App：与最聪明的人共同进化

我们现在推出全新的湛庐阅读 App，它将成为您在书本之外，践行终身学习的场所。

- 不用考虑“读什么”。这里汇集了湛庐所有纸质书、电子书、有声书和各种阅读服务。
- 可以学习“怎么读”。我们提供包括课程、精读班和讲书在内的全方位阅读解决方案。
- 谁来领读？您能最先了解到作者、译者、专家等大咖的前沿洞见，他们是高质量思想的源泉。
- 与谁共读？您将加入优秀的读者和终身学习者的行列，他们对阅读和学习具有持久的热情和源源不断的动力。

在湛庐阅读App首页，编辑为您精选了经典书目和优质音视频内容，每天早、中、晚更新，满足您不间断的阅读需求。

【特别专题】【主题书单】【人物特写】等原创专栏，提供专业、深度的解读和选书参考，回应社会议题，是您了解湛庐近千位重要作者思想的独家渠道。

在每本图书的详情页，您将通过深度导读栏目【专家视点】【深度访谈】和【书评】读懂、读透一本好书。

通过这个不设限的学习平台，您在任何时间、任何地点都能获得有价值的思想，并通过阅读实现终身学习。我们邀您共建一个与最聪明的人共同进化的社区，使其成为先进思想交汇的聚集地，这正是我们的使命和价值所在。

图书在版编目（CIP）数据

小学生就要懂的自主学习法．说话、写作、表达，全掌握 /（日）斋藤孝著；崔颖译．—杭州：浙江科学技术出版社，2024.4
ISBN 978-7-5739-1152-0

Ⅰ．①小…　Ⅱ．①斋…　②崔…　Ⅲ．①小学生—学习方法 Ⅳ．① G622.46

中国国家版本馆 CIP 数据核字（2024）第 054675 号

书　　名　小学生就要懂的自主学习法
著　　者　[日] 斋藤孝
译　　者　崔颖

出版发行　浙江科学技术出版社
地址：杭州市体育场路 347 号　邮政编码：310006
办公室电话：0571－85176593
销售部电话：0571－85062597
E-mail:zkpress@zkpress.com
印　　刷　北京盛通印刷股份有限公司

开　　本	710mm×965mm　1/16	**印　　张**	11
字　　数	47.5 千字		
版　　次	2024 年 4 月第 1 版	**印　　次**	2024 年 4 月第 1 次印刷
书　　号	ISBN 978-7-5739-1152-0	**定　　价**	79.90 元

责任编辑　柳丽敏　　**责任美编**　金　晖
责任校对　张　宁　　**责任印务**　田　文